SAINTE WILGEFORTE

Son Nom. — Ses Légendes

Son Culte

Sa Vie — Son Martyre

Par l'Abbé MORIN

Avec l'approbation de l'Autorité ecclésiastique

AU PROFIT DES ŒUVRES PAROISSIALES

PRÉFACE

En écrivant cette notice sur Sainte Wilgeforte, mon but est d'essayer de faire connaître ce qui, depuis des siècles, est enseveli dans l'oubli. Prétendre éclairer d'une manière complète la physionomie de cette jeune héroïne serait une œuvre impossible. Nous savons par avance que nous n'arriverons pas à la mettre en pleine lumière, il y aura toujours des ombres dans les lointaines origines que nous voudrions faire connaître, d'autant plus que l'histoire de notre Sainte a beaucoup de traits de ressemblance avec la vie et le martyre de toutes les vierges chrétiennes des premiers temps.

Ce sont les mêmes indications sur la noblesse de leur origine, sur les sentiments et la conduite de plusieurs de leurs parents, à l'égard de la vertu de ces vierges, sur les efforts qu'ils tentent pour les détourner de l'attachement inviolable qu'elles ont voué à leur céleste époux; chez elles, même amour de la prière, de la solitude, des bonnes œuvres ; elles ont des sœurs ; elles s'adjoignent des compagnes ;

elles quittent, pour la plupart, la maison paternelle, afin d'être plus libres de servir leur Dieu ; de la part des peuples, même vénération pour leurs reliques ; mais, en même temps, mêmes incertitudes historiques à l'égard des diverses translations ou repositions qui en sont faites. Malgré ces difficultés, à l'aide de quelques données, qui me paraissent positives, je m'efforcerai de reconstituer la physionomie de notre illustre martyre, qui a occupé une si grande place dans l'amour et la dévotion de nos pays et dont le culte reçoit, tous les jours, plus d'éclat.

Puisse ce petit travail contribuer à raviver, avec le souvenir de l'héroïque vierge et martyre, l'amour et l'imitation de ses vertus, notamment de ce courage chrétien dont elle nous a donné un si grand exemple et qui devient aussi nécessaire de nos jours qu'au temps des persécutions.

Puisse notre auguste Sainte répandre de nouveaux bienfaits sur les nombreux pèlerins qui viennent, avec la foi antique, l'invoquer comme leur Protectrice, dans son sanctuaire séculaire, dans l'église de Vattetot-sur-Mer.

Sainte WILGEFORTE

Nous sommes en présence d'une des questions les plus ardues de la vie des Saints et nous ne sommes pas surpris que les Bollandistes, si érudits pourtant et à la sagace investigation desquels échappent peu de secrets concernant l'hagiographie, la représentent comme un véritable labyrinthe dont il est extrêmement difficile de parcourir les voies tortueuses et surtout de trouver l'issue (1). C'est, en effet, un sujet qui offre les difficultés les plus sérieuses, à cause surtout de la confusion à laquelle ont donné lieu des faits, des circonstances et des traits attribués par les auteurs à deux Saintes différentes, ou bien à la même Sainte, qu'ils ont nommée tantôt Libérate et tantôt Wilgeforte. Dans cette

(1) *Vita Sanct.* T. V., p. 5o, N° 1.

courte étude, nous n'avons pas la prétention d'arriver plus facilement que d'autres à une solution ; nous nous contenterons d'exposer le fruit de nos recherches. Il ne s'agit, après tout, que des faits historiques soumis à la discussion et sur lesquels le dernier mot doit rester à celui qui produit les meilleurs arguments.

La Sainte que nous cherchons à faire connaître a été incontestablement comme une gloire qui, au temps des persécutions, rayonna sur toute l'église et dont les fidèles gardèrent le souvenir, mais d'une manière vague et sans des détails précis sur sa naissance, sa vie, son martyre, surtout à mesure qu'ils s'éloignèrent davantage du temps où elle avait vécu. On le comprend facilement, puisqu'au moment du martyre, les actes ne furent pas écrits ; et lorsque, plus tard, on voulut sauver cette mémoire de l'oubli, il fallut interroger les traditions qui ne pouvaient fournir que des indications assez vagues. Heureux serions-nous si les pieuses amplifications de la légende et les inventions des faussaires n'étaient pas venues altérer ces récits primitifs. Sainte Wilgeforte n'est donc guère connue que par des légendes. On les retrouve dans un assez grand nombre de documents de seconde main et aussi dans certaines traditions populaires. A une époque déjà reculée, mais qu'il serait difficile de préciser, elles se formèrent de souvenirs lointains altérés et d'inventions plus ou moins fantaisistes par lesquelles on essaya de suppléer aux lacunes de l'histoire (1). Aussi notre Sainte, sur le véritable nom de laquelle les historiens varient, mais qui est le plus ordinairement Wilgeforte ou Libérate, est-elle l'une des figures les plus intéressantes et les plus curieuses qu'on rencontre dans les légendes des Saints du moyen-âge. Notons, cependant, qu'elle est bien dûment reconnue par l'Eglise universelle : nous lisons ceci au martyrologe Romain, le vingt juillet : « *En Lusitanie*, Sainte Wilgeforte, vierge et martyre, laquelle, combattant pour la foi chrétienne et la chasteté, a mérité d'obtenir sur la croix un glorieux triomphe », et le petit martyrologe (2) n'a retenu que cela : « *Passio Sanctæ Wilgefortis virginis qui etiam Liberata Liberatrix nominatur* (Martyre de Sainte Wilgeforte, qui est appelée aussi Libérate). Ces inscriptions sont d'abord pour nous un témoignage authentique, un témoignage qui fait preuve. Il démontre que nous sommes ici en présence d'un personnage historique, qu'il n'est point question d'un personnage simplement légendaire, quasi fabuleux, d'autant plus que, sur les grandes lignes de sa vie et de sa mort, il y

(1) Chastelain : *Notice sur le Mart. Rom.*
(2) *Ex Florario Sanctorum.*

a accord essentiel des historiens, et je pourrais dire des croyants de différentes nationalités. J'ajouterai de plus à ce premier témoignage, les graves documents qu'ont publiés de Sainte Wilgeforte, les Bollandistes (1). Faisons avec eux et les traditions sérieuses, ce que nous oserons appeler la biographie de Sainte Wilgeforte.

Avec eux, nous disons qu'elle vivait au second siècle, vers l'an 135 de l'ère chrétienne. Elle était la fille d'un roi de Portugal, païen infidèle, mais elle était chrétienne. Dans une guerre avec le roi de Sicile, le roi de Portugal avait été vaincu. Il lui fallait subir les conditions de paix, que le vainqueur dicta. Parmi ces conditions, le roi de Sicile exigea que Wilgeforte lui serait donnée en mariage, et fit tous ses efforts pour vaincre le refus qu'elle lui opposait. Dans cette délicate situation, Wilgeforte, dont on vantait la beauté, demanda à Dieu de la lui enlever, de décolorer les roses de son visage, afin que personne ne trouvât plus à s'y complaire ; ses prières furent exaucées. Au lieu de la beauté, une sorte de barbe répugnante, insolite, vint la défigurer et l'eût rendue quasi méconnaissable, n'eussent été ses longs cheveux. Le roi de Sicile, pour se venger, alla dénoncer la jeune vierge comme

(1) T. V., 5o à 7o.

chrétienne. Elle fut aussitôt conduite devant le tribunal et opposa les refus les plus énergiques à l'offre qui lui fut faite d'avoir la vie sauve, à la condition qu'elle renierait sa foi. Après avoir enduré divers genres de tortures, elle fut condamnée à être crucifiée (1). Telle est, en résumé, une des légendes de Sainte Wilgeforte.

En voici une autre, qui lui est appliquée sous les noms de Libérate ou Wilgeforte :

Elle était fille d'un prince portugais, idolâtre. Un prince de Sicile, que quelques rares auteurs ont nommé Amase, fut épris de son extrême beauté et la demanda en mariage.

La Sainte, convertie depuis quelque temps déjà au Christianisme, en fut grandement affligée et demanda à son divin époux de changer sa beauté en laideur. Sa prière fut exaucée : les charmes de sa figure disparurent et firent place à une énorme barbe. Lorsque son père la vit dans cet état, il entra dans une violente colère contre les magiciens qui, selon lui, avaient opéré cette métamorphose. Pour sa fille, dite révoltée, qui avait refusé la main du prince, il fit dresser une croix, et, avec des cordes, il la fit attacher à la croix, voulant, disait-il, qu'elle change, qu'elle obéisse ou qu'elle meure (2).

Comme Blandine, la jeune servante de

(1) Aglaüs. Bouvenne, pris dans les Bollandistes, passim.

(2) Traditions de Munich, de la Bavière et des bords du Danube, où son culte s'étend très loin.

Lyon, comme Julie, la patronne de la Corse, Wilgeforte fut crucifiée, et à travers les siècles ses pieuses représentations, ses statues commémoratives ont continué de garder comme caractéristiques, d'une part la couronne royale, d'autre part la croix de son supplice, et encore, avec sa longue robe et ses tresses de longs cheveux blonds, la barbe légendaire et miraculeuse. C'est surtout dans les pays du Nord que la légende de la barbe s'était accréditée.

Cette légende ne remonte-t-elle, comme l'assure, non sans quelque raison, un savant Jésuite qui a travaillé à la grande œuvre des Bollandistes (1), qu'à trois ou quatre cents ans au plus, ce qui ne nous reporterait qu'au xiiime ou xivme siècle, puisqu'il écrivit vers l'année 1733, ou bien a-t-elle une origine plus ancienne ? Il nous est difficile de nous prononcer à ce sujet.

Nous venons d'analyser, aussi fidèlement qu'il nous a été possible, les principales légendes de Sainte Wilgeforte, autrement Liberata ; il serait inutile de nous arrêter sur les légendes espagnoles et portugaises, où nous trouvons un résumé de circonstances toutes plus singulières les unes que les autres ; toutes cependant admettent qu'elle était issue d'une grande race (2).

(1) Guillaume Cupper.

(2) Chronique Dexter : *Cathilius Præses Gallæciæ et Lusitaniæ.* — Alias : *Catillio Regulo.* 20 juil. — Boll.: *Fuit filia cujusdam principis.*

Ces légendes nombreuses et variées, qui l'ont eue pour objet, sont en général apocryphes et, comme valeur historique, ne peuvent témoigner que de la certitude du fait de son existence et celui de son martyre, dépouillé de tous ses accessoires.

Cette Sainte a-t-elle été Belge ou Germaine? Tout ce que nous pouvons dire, c'est qu'elle a appartenu à une des contrées du Nord. Mais certainement elle n'a été ni Portugaise ni Espagnole, quoiqu'aient pu en écrire plusieurs auteurs de ces deux contrées, qui n'ont appuyé leurs assertions sur aucun fondement solide. Certes ce ne serait pas un berceau à dédaigner que la célèbre terre Ibérique; notre Sainte n'y serait pas mal placée, à côté de tant d'illustres Saintes et d'aimables martyres qui l'ont décorée de la candeur de leur virginité et de la pourpre de leur sang; mais il paraît certain qu'elle n'en est que la patronne et non la concitoyenne (1). *Un Martyrologe de 1591*, imprimé à Coïmbre (2), nomme Sainte Libérate ou Wilgeforte, mais en avouant qu'on ignore où elle est née. Et Porreno, dans sa vie de cette Sainte, déclare que sous l'épiscopat de Frédéric de Portugal, de 1512 à 1532, c'est-à-dire dans la première moitié du xvime siècle, l'Eglise de Siguenza ne la considé-

---

(1) Chastelain : *Notes au texte du Martyrologe.*

(2) Portugal.

rait nullement comme lusitanienne. La légende non travestie disait seulement : *Nata ex patre Cathilio et matre Calsia regibus gentilibus, inter finitimos Occidentis, haud infimis.* Et les Bollandistes nous paraissent apprécier bien toutes choses lorsqu'ils disent que, d'après eux, il y aurait eu, dans les temps anciens, une vierge ou du pays même ou étrangère, *peregrina*, comme il s'en est trouvé plusieurs chez les Belges et ailleurs, qui, par amour de la chasteté, n'aurait pas hésité à endurer et même à braver la mort. Son nom serait tout d'abord resté inconnu ou aurait fini par être oublié.

Plus tard, les moines et les clercs se seraient contentés de l'appeler, à cause de l'héroïsme dont elle aurait fait preuve pour la conservation de sa pudeur, Vierge forte, en latin *Virgo fortis*, et. ce nom, le vulgaire qui n'en comprenait ni le sens ni la portée l'aurait changé en celui de Wilgforde, Wilgeforte et autres, selon les peuples chez lesquels s'établissait son culte (1).

Lindamus, premier évêque de Ruremonde (2) s'en tient aux simples données du Martyrologe que nous avons cité plus haut, et applique aux Saintes Liberata, Oncommera, les actes de Sainte Wilgeforte, parce que, d'après lui, ces noms ne peuvent désigner que la même personne.

(1) Boll. : *Comm. hist. crit.*, n° 97.

(2) Ville de Flandre.

Le culte de Sainte Wilgeforte se propagea de bonne heure ; sous des dénominations diverses, en rapport avec leur idiome, mais ayant toutes les mêmes significations, presque tous les peuples l'ont eue en grande vénération, l'ont exaltée à l'envi. Wilgeforte devint, en Allemagne, Ontkummer, Ontkummernus ; en Flandre, Ontcommera, Oncommène ; en Angleterre, Sainte Uncumber ; en France, Sainte Livrade ; et en différents pays, pour les livres liturgiques, Liberata, Liberatrix. Ces noms, du reste, ont à peu près partout la même signification : Délivrée, qui a échappé au danger ou qui l'a fui, qui souffre sans peine ou qui délivre de tout chagrin ceux qui l'invoquent (1). Les hommes la nommèrent-ils ainsi à son berceau, inspirés par quelques paroles prophétiques, ou bien les peuples, plus tard, ayant perdu les traces de son vrai nom, lui ont-ils donné celui-ci pour indiquer les dangers dont elle avait été délivrée, les pièges nombreux auxquels avait échappé son innocence ? Nous ne le savons. Elle n'en pouvait, toutefois, porter de plus vrai, et pour toutes les nations chrétiennes, il n'en est guère de plus célèbre.

Le moyen-âge, si sensible à tout ce qui relève la femme par la chasteté, s'éprend pour elle d'un amour ardent. Il la chante de contrées

(1) *Acta Sanct.* T. V, v° 61.

en contrées, dans de naïfs poëmes où l'inspiration ne fait pas toujours défaut (1). Ne faut-il pas convenir que ce culte unanime est la plus grande gloire de notre Sainte? Il forme l'une de ces admirables épopées chrétiennes qui naissent d'un tombeau, d'un sanctuaire, et vont se développant à travers les siècles, composées de souvenirs et de vénération, de prières et de miracles, de confiance et de protection, d'une fertile germination de vertus sur la terre et d'une féconde rosée descendant du ciel. Mais comment son culte est-il venu jusqu'à nous? Bien qu'éloignée de nous par sa naissance et son martyre (2), Sainte Wilgeforte a-t-elle été acclimatée chez nous, en notre France surtout, et d'abord dans la Picardie, et de là dans la Normandie par la domination espagnole? Les Pays-Bas, la Flandre, le Hainaut, l'Artois, une partie de la Belgique actuelle n'ont-ils pas été au pouvoir de l'Espagne, autrefois, et n'avons-nous pas eu avec l'Espagne la guerre déclarée en 1635, qui fait partie de ce qu'on appelle la guerre de trente ans, et qui fut close par la paix dite des Pyrénées?

L'Espagne donc et le Portugal, les provinces espagnoles paraissent bien nous avoir

(1) L'enfer et ses suppôts, le monde avec ses charmes.
Tentèrent, mais en vain, d'enlacer votre cœur.
A votre faible main, Jésus donna des armes,
Et de vos ennemis son amour fut vainqueur.

(2) Selon la plupart des auteurs.

dotés de la mémoire et du culte touchant à Sainte Wilgeforte. A-t-il été introduit chez nous par le contact de différentes nationalités ? Ou bien faut-il accepter l'opinion de certains qui prétendent que son culte a été apporté au ix⁰ siècle, par les Normands ou Normans, agiles et intrépides matelots qui poussaient leurs barques dans tous les fleuves et presque dans toutes les rivières et ravageaient toutes les Gaules ? Nous ne pouvons l'affirmer. Ce que nous savons, toutefois, c'est que les habitants de nos contrées ont toujours eu notre Sainte en grande et singulière vénération.

L'église de Vattetot-sur-Mer possède deux statues de Sainte Wilgeforte ; l'une en croix, du xvii⁰ siècle, fut enterrée sous le vieux clocher, lors de la Révolution ; l'autre, que les pèlerins appellent Vierge forte, date aussi du xvii⁰ siècle (1) ; cette dernière tient en sa main droite une palme, et a la gauche appuyée sur la poitrine, au-dessous d'un glaive. La fête, qui se célèbre le lendemain de la fête patronale de Saint Pierre, attire, chaque année, un grand nombre d'étrangers dans son sanctuaire. Nous ne savons pas quels motifs avaient rendu chère aux habitants de toute la contrée, la dévotion à notre Sainte. Une vieille tradition populaire apprend

____

(1) *Archives de la Fabrique, 1640.* — « Nous délibérons de faire donner un coup de peinture à la Bienheureuse Wilgeforte, aux pieds de laquelle on vient déposer ses hommages. »

seulement qu'ils avaient senti le besoin de placer les enfants chétifs sous le patronage de cette jeune Sainte, et, de temps immémorial, tous les ans, une foule considérable de pèlerins, de malades, de mères tenant leurs enfants dans leurs bras, viennent invoquer notre Sainte, et on cite de nombreux exemples de sa puissante intercession en leur faveur. Malgré cette grande célébrité qui s'attache à notre Sainte, on ne sait d'elle que peu de chose. Aux premiers siècles du Christianisme, elle brille comme un astre s'élevant de la terre, sans qu'on puisse presque distinguer d'où il sort, et l'on semble presque aussitôt perdre de vue sa trace. Mais nous sommes portés à croire que cela ne s'est pas fait sans un dessein particulier de Dieu, comme l'a dit de certains autres Saints, un écrivain contemporain qui nous fournit cette appréciation : Ces grandes figures qu'il veut entourer à jamais de la vénération des peuples, Dieu ne fait que les montrer. Il déchire facilement le nuage qui les enveloppe, les fait briller un moment d'un incomparable éclat, puis, aussitôt, il les replie dans leur obscurité mystérieuse. Ainsi en est-il de la jeune et aimable vierge dont nous essayons de faire revivre ici la mémoire ?

Sainte WILGEFORTE

Sa Vie. — Son Martyre

Où naquit Sainte Wilgeforte ? Comment fut composée la trame de sa vie ? Autant de questions qui présentent de grandes difficultés. Les pièces ainsi que les écrits où nous avons puisé quelques renseignements, qui semblent positifs, sont loin assurément de contenir une histoire intégralement authentique et telle que la saine critique la puisse accepter les yeux fermés, encore moins sont-elles le document primitif; mais elles nous paraissent en contenir tous les débris, et, en prenant soin d'en éliminer les détails fabuleux, ajoutés par une piété trop ardente et sans doute trompée elle-même par la légende populaire, et en condensant ces légendes extraordinaires, nous pourrons peut-être restituer à la vie et au martyre de notre Sainte tous leurs traits essentiels, et présenter ce

2

recueil comme un résumé de ce que l'on a cru et de ce que l'on peut croire.

Notre Sainte eut pour père Cathilius, personnage de haute distinction, et pour mère Calsia, issue de grande race (1), tous deux extrêmement attachés au culte des idoles. Certains manuscrits ajoutent qu'elle eut plusieurs sœurs, qui furent aussi célèbres par leur martyre.

L'histoire ne nous apprend que peu de choses sur les moyens dont se servit l'esprit divin pour la gagner à la doctrine céleste de Jésus-Christ ; mais nous savons que, dès sa première enfance (2), Wilgeforte fut initiée aux mystères du Christianisme. Il est probable qu'une nourrice chrétienne avait inoculé à la jeune fille cette foi dont la profession était alors aussi funeste au bonheur terrestre qu'elle est féconde en tous temps pour l'éternelle félicité de ceux qui l'ont acceptée. Du reste, c'était l'habitude de certaines grandes familles païennes de confier à des esclaves ou à des affranchis leurs enfants trop nombreux (3). Cette admirable femme que Dieu avait placée près de notre jeune Sainte, ainsi abandonnée des siens, s'était donnée sans réserve à Jésus-Christ, le Dieu de

----

(1) *Filia fuit cujusdam principis, qui tunc rerum in Lusitania potiebatur.* La Lusitanie (Portugal) fut conquise par les Romains en 140 avant J.-C.; ils la gardèrent comme province jusqu'au vme siècle de l'ère chrétienne.

(2) *Ab adolescentia divinis in benedictionibus præventa fuit.* — Alias : *Juvenis fidem christianam edocta.*

(3) Bolland : *Passim.*

la Crèche et du Calvaire. Son amour était celui de ces simples et de ces petits, pour qui le Seigneur a prié et qui s'abandonnent à lui dans toute la droiture de leur cœur. Elle s'attacha avec des entrailles de mère à cette jeune enfant. Elle s'occupa de son éducation et de celle de ses sœurs et leur inspira, de bonne heure, l'amour de la vertu et l'horreur du vice, et ce fut, sans aucun doute, à cette femme que Wilgeforte dut de devenir ce qu'elle fut plus tard. Les faits de ce genre n'étaient pas rares alors. Que d'humbles femmes initiées elles-mêmes providentiellement aux mystères de l'évangile, exercèrent cet étonnant apostolat qui est l'un des phénomènes les plus merveilleux du christianisme naissant.

Celle-ci y apporta un dévouement et un respect qu'il nous serait difficile de décrire. Les mères elles-mêmes n'ont pas toujours la délicatesse et l'élévation de sentiments de ces humbles, mais incomparables femmes ; il leur manque d'ordinaire ce je ne sais quoi de désintéressé et de sublime qui porte ces dernières à se donner, plus entièrement encore que les mères et avec moins de retour sur elles-mêmes, à ces êtres fragiles qui leur sont confiés, soucieuses assurément de la croissance de leur corps, mais surtout de la formation de leurs âmes. Cette femme ne tarda pas à démêler, en la jeune enfant, tous les germes du bien. Elle eut à cœur de n'en laisser périr aucun et de les tous développer. Aussi veillait-elle sur cette enfant, comme on veille sur un trésor sacré, sur un dépôt du Ciel.

Elle épiait le premier éveil de son intelligence et de son cœur, écartant de l'une toute fausse lueur capable de l'égarer, et de l'autre tout souffle mauvais capable d'en altérer la candeur. Et ce n'était pas assez pour elle de les préserver de toute funeste atteinte ; elle avait pour les diriger vers Dieu, de douces paroles. Elle lui révéla, de bonne heure, le Dieu venu au monde pour le salut des hommes, lui redisant ses plus belles paroles, lui racontant les plus beaux traits de sa vie. La jeune enfant buvait cet enseignement comme une bonne terre boit la rosée du ciel, et elle naissait peu à peu au christianisme avant de naître à la raison.

La nourrice ne tarda pas à lui faire connaître l'histoire de quelques-unes de ces jeunes saintes, dont la renommée s'étendait déjà partout à cause de leur amour pour la Virginité et de leur admirable mort. Et ainsi la semence de la Virginité tombait dans ce tendre cœur ; et, cultivée par une aussi sage main, elle leva bientôt. Du reste, tandis que la parole de cette femme se faisait entendre au dehors, la voix de Jésus-Christ résonnait au dedans, demandant à la jeune fille, avec une mélodie intérieure qui n'a point d'expression ici-bas, si elle voulait être

sa fiancée (1). Cette voix avait tous les charmes
d'un premier amour ; elle en eut la puissance.
La vierge répondit aux avances de son Dieu ;
elle renonça à recevoir un époux sur cette terre,
qui n'était que le lieu de son passage, et, ayant
placé son cœur dans le Ciel, son éternelle patrie,
elle voua sa foi au Christ. Ses fiançailles divines
demeurèrent inconnues de tous, sauf peut-être
de sa nourrice.

Les chrétiens, à cette époque, vivaient avec
la pensée du martyre ; les vierges chrétiennes
surtout devaient, dans les desseins du divin
Rédempteur, servir d'instrument à la régénéra-
tion de l'homme, et leur rude mission devait
aller jusqu'à l'effusion de leur sang, afin de
continuer l'œuvre commencée au pied de la
croix, la réhabilitation da la femme par les im-
molations sanglantes de la Virginité. Jésus-
Christ ne leur dit pas seulement : « Soyez
Vierges », mais encore : « Mourez pour la Virginité ». Ces deux mots doivent résumer tout
l'enseignement chrétien de cette notice.

Cette attente du martyre si formidable
pour la nature ne faisait point fléchir l'âme de
Wilgeforte ; elle y trouvait au contraire un
repos plein de délices. Le martyre la réunirait
au Christ qui avait daigné se révéler à elle. En
attendant cet appel fortuné, elle vivait au fond

____

(1) *Fleurs des vies des Saints.*

de son cœur, en la compagnie de son divin
Maître, et ses entretiens avec lui ne cessaient
ni le jour ni la nuit. La main de l'époux céleste
pouvait seule prétendre à cueillir cette fleur qui
s'élevait si fraîche et si suave au milieu des
épines de la gentilité. Ce n'était pas en effet
aux hommes que Dieu réservait cette créature
privilégiée, qui resplendissait de tous les charmes
de l'angélique vertu de la chasteté ; lui seul
était digne de cueillir ce lis si pur, aussi inspi-
ra-t-il un amour digne de lui, au cœur de notre
Sainte qui venait de lui consacrer sa Virginité
par un vœu irrévocable. Son généreux sacrifice
étant accompli, son divin époux ayant reçu ses
serments, il ne lui restait plus qu'à garder une
inviolable fidélité à son divin Maître ; c'était
pour notre Sainte, il est vrai, une douce obliga-
tion, mais comment l'accomplir au milieu d'une
famille dévouée à l'idolâtrie? La chaste épouse
de Jésus-Christ ne pouvait, sans une vive oppo-
sition, lever l'étendard de la Virginité.

Wilgeforte ne faisait que toucher au seuil de
l'adolescence, lorsque, avec ses sœurs et probable-
ment sa nourrice, elle vint reprendre sa place dans
la maison de son père. Elle vécut pendant quelque
temps dans ce nouveau monde, comme si elle
y avait été complètement étrangère. Elle n'était
point tributaire des mille embarras de ce monde,
des fascinations de ses richesses, de l'ivresse de
ses plaisirs ; elle les méprisait, toutes ces choses,

et ne regardait la vie que comme une eau qui s'écoule, une fumée qui se dissipe, un nuage qui s'évanouit; elle trouvait le moyen de prier Dieu sans empêchement. Bien souvent on la voyait se retirer à l'écart et passer solitaire de longues heures devant Dieu : les familiers de la cour témoignaient leur étonnement de trouver, dans une princesse, un tel éloignement pour les plaisirs et un goût si prononcé pour la retraite. Pourquoi était-elle si différente des autres jeunes filles de son rang? Pourquoi aimait-elle à se réunir avec deux ou trois domestiques fidèles dans quelque appartement retiré, donnant l'ordre qu'on ne la dérangeât sous aucun prétexte (1). Une telle manière de faire était en tout contraire aux coutumes du paganisme, qui entouraient les femmes des plaisirs mondains les plus raffinés.

Toutefois, les goûts sévères de notre jeune Sainte n'enlevaient rien à son amour filial. Elle était, en présence de son père, joyeuse, lui donnant de grands témoignages extérieurs d'affection. Parfois, de légères discussions naissaient entre eux, lorsque Cathilius prétendait nourrir l'esprit et le cœur de son enfant de la littérature et de la philosophie du paganisme, la lecture des poëtes tenant une grande place dans l'instruction des jeunes païennes. Wilgeforte ne craignait pas de montrer son dégoût pour les mœurs attribuées aux habitants de l'Olympe.

(1) Pozzeno : *Vita Sancta.*

La solitude où notre Sainte vivait ne la faisait point oublier du monde ; on aimait à s'entretenir de ses brillantes qualités, on parlait avec admiration de sa rare beauté, rehaussée par une singulière modestie, de la noblesse de sa famille, des grands biens qui lui étaient réservés. Et déjà quelques seigneurs, attirés par tout ce que l'on disait de son esprit cultivé, de sa sagesse, sollicitaient l'honneur de l'épouser.

La belle fleur de la Virginité qui venait de surgir du Calvaire et qui avait été touchée du sang de la victime immaculée, était inconnue aux Romains, en dehors du temple de Vesta. De loin en loin, Dieu en avait montré une ombre, une esquisse, aux yeux de l'ancien monde qui ne pouvait ni comprendre ni apprécier. La Virginité volontaire, fruit d'un héroïque holocauste, devait être la création, comme la gloire de l'Eglise catholique.

Cathilius destinait donc Wilgeforte au mariage ; il crut devoir lui faire des ouvertures au sujet de son avenir et lui parla des propositions avantageuses qui lui avaient été faites. Mais c'est en vain qu'il dépeignait à sa bien aimée fille les joies d'une union terrestre ; Wilgeforte fut non seulement insensible à de pareilles communications, mais s'empressa de témoigner la plus vive répugnance pour le mariage et dût garder le silence sur le principal motif de sa conduite. Cathilius ne se lassait pas de contempler avec orgueil la fleur qui s'épanouissait sous ses yeux et qui brillait d'un doux éclat au foyer domestique ; aussi redoubla-t-il d'attention pour rendre son séjour de plus en plus agréable, et donna des ordres afin que rien ne manquât de tout ce qui pourrait procurer son bien-être et lui prouver le dévouement de son père. Mais la noble et jeune fille pensait à bien autre chose qu'à ses plaisirs. La lecture des livres saints faisait ses délices, et elle se formait ainsi à la pratique de toutes les vertus, mais surtout d'une inaltérable douceur et d'une patience inébranlable, prévoyant le besoin qu'elle en aurait un jour. Dans cette pensée, elle nourrissait spirituellement son esprit de cette maxime : « Bienheureux ceux qui souffrent persécution pour la justice ». Pour être encore mieux préparée au martyre, elle se mortifiait sans cesse. Avec de tels moyens, elle dompta les rebellions de la chair, l'habitua au sacrifice et assura la victoire et le triomphe de l'esprit sur les sens.

Les jours de paix et de tranquillité qu'elle avait pu obtenir ainsi ne furent pas de longue durée. Car de jeunes princes qui désiraient l'épouser et qui avaient vu échouer leurs premières demandes, firent de nouvelles instances et parvinrent facilement à gagner Cathilius (1). Ils lui représentèrent les avantages d'une alliance riche et puissante, qui le ferait revivre, entouré du respect

(1) *Légendes de Sainte Wilgeforte. Aglaüs.*

et de l'amour de ses descendants. Wilgeforte, de son côté, de plus en plus affermie par la grâce dans ses saintes résolutions, repoussa, comme la première fois, toutes propositions contraires à son vœu et demeura entièrement insensible, disant qu'un bonheur fragile et éphémère est bien peu de chose pour un cœur qui tend à l'infini. Trop noble pour livrer sa volonté à une créature changeante, trop pure pour trouver du plaisir aux choses de la terre, Wilgeforte rêvait de se donner à un être immuable et d'une beauté sans limite. Cathilius se demandait quelle était la philosophie où sa fille avait puisé des idées si étranges ; elle paraissait être éprise d'un être merveilleux et fantastique ; mais la crainte d'affliger son enfant l'empêchait d'insister. Il crut alors qu'il fallait user de patience et avoir recours à la persuasion plutôt qu'à la violence, espérant qu'avec le temps, des réflexions nouvelles amèneraient un changement dans les dispositions de sa fille, et qu'elle sortirait d'un état qui la conduisait, croyait-il, à des chimères. — Pour Wilgeforte, le moment va arriver où son amour pour Dieu et sa foi vont être mis à une rude et pénible épreuve.

Une nouvelle persécution, que nous ne préciserons pas, faute de documents assez exacts, sévissait dans toute sa fureur ; on n'avait pas vu encore tant de cruauté se déchaîner contre le nom de chrétien ; c'était la rage de l'enfer.

L'arbre dédaigné, planté sur le Calvaire avait grandi, arrosé par le sang ; il couvrait déjà les peuples de son ombre. Mais cette ombre salutaire était haïe par le Polythéisme. Il avait juré d'arracher l'arbre jusqu'à ses racines. La persécution s'étendait partout. Il n'était question que de dénonciations, d'arrestations, de cachots obscurs, d'interrogatoires, de chevalets, de glaives, d'ongles de fer, de grils ardents, de bûchers allumés, de bêtes féroces, de tous les raffinements enfin que la cruauté la plus ingénieuse puisse trouver. Quand les horribles supplices étaient épuisés, on en inventait d'autres encore plus affreux. Le seul récit des tortures faisait frémir, et cependant le spectacle de tant d'horreurs ne pouvait rassasier les délateurs et les persécuteurs. L'Eglise eut à pleurer des pertes partout, néanmoins elle put présenter à l'admiration du monde de généreux athlètes et de magnanimes vainqueurs. Ainsi que dans les persécutions précédentes, le sexe le plus faible et le plus délicat eut une large part au triomphe.

Qu'était devenue, à l'heure dont nous parlons, la jeune Wilgeforte ? Pour fixer les lignes principales de la physionomie de notre Sainte, dans les dernières circonstances de sa vie, nous aurons recours aux traditions populaires, aux légendes et même à quelques-uns des récits altérés des Espagnols, où nous trouverons des détails absolument concordants ; cet accord, qui ne peut s'expliquer que par des souvenirs communs, relève ces détails et leur donne comme un caractère historique.

C'est vers cette époque que de nouveau le père pressa Wilgeforte de lui donner une réponse positive aux propositions qui lui avaient été faites, parce que le moment était venu de se prononcer entre les divers partis qui attendaient avec impatience sa décision, et qu'il voulait absolument qu'elle acceptât l'un d'eux sans tarder davantage (1). Notre Sainte répondit avec beaucoup de respect et de douceur, mais avec une fermeté qu'on ne lui connaissait pas, qu'elle avait disposé de son affection et que Jésus-Christ seul serait le roi de son cœur, son époux pour l'éternité, et qu'elle était décidée à supporter les plus grands maux, la mort même, plutôt que de manquer à sa parole et de trahir ses serments. À ce langage ferme et presque viril, qui sera désormais le trait distinctif de son caractère, Cathilius resta interdit : la crainte et la confusion l'agitaient. « Sa fille appartient-elle à la religion du Christ ? Il ne peut le croire. Peut-être a-t-elle quelques vagues désirs, quelque ombre de croyance, mais elle n'a pu renoncer pour jamais au culte de ses pères, au splendide avenir que lui assure tout le passé de sa famille ».

(1) *Légendes et Traditions.*

Un moment après, l'agitation renaissait. « Son langage, se disait-il, est bien celui des fanatiques chrétiens, esclaves de je ne sais quelle cruelle divinité à laquelle ils sacrifient tout, voire même leur honneur et leurs biens. Elle sera capable de distribuer aux pauvres ses richesses et d'aller s'ensevelir dans un désert ou dans quelque catacombe ». Par instants il lui semblait être le jouet d'un songe : il se persuadait alors que l'état de sa fille n'était pas sérieux. « Quel délire est le sien? se demandait-il ; comment Wilgeforte pouvait-elle prêter l'oreille à des doctrines honteuses, ou tout au moins déraisonnables?» Peu après, la colère, le dépit succédaient à l'espérance. Il dissimula cependant sa colère, n'osant provoquer des explications qui lui révéleraient le mystère dont il commençait à soupçonner l'existence. Pendant quelque temps encore Cathilius put feindre, tout en persécutant les autres chrétiens, de ne pas savoir quelle religion sa fille professait. Mais un familier de la cour, qui était des plus considérables et des plus riches, fut épris pour la (1) noble jeune fille d'une violente passion, et il ne tarda pas à mettre tout en œuvre pour obtenir sa main : il savait qu'elle était chrétienne et il vit, dans cette circonstance, un moyen infaillible d'arriver à ses fins ou de se venger.

Ainsi que nous l'avons dit plus haut, l'heure

(1) *Légendes.*

de la persécution avait sonné, et beaucoup de chrétiens avaient déjà payé de leur vie leur persévérance dans la confession de leur foi ; tous ces agneaux s'étaient laissés égorger à l'exemple de leur divin Maître. Des blessures encore fraîches de ces vaillants disciples s'échappait un sang généreux, qui devait enfanter au Christ de nouveaux héros et de nouvelles âmes. L'opulent seigneur dénonça Wilgeforte au père qui aimait passionnément sa fille ; il fut au désespoir, comprenant que la vie de son enfant allait être en péril et que lui-même pouvait être compromis. « Si son erreur était connue des empereurs, se disait-il, on pourrait la livrer aux bêtes et aux flammes ; dans son fanatisme, elle ne reculerait pas. Comment Wilgeforte était-elle arrivée à la connaissance de cette doctrine ? » Alors il se décida à mettre tout en œuvre, prières et menaces pour la fléchir, l'amener à renier sa foi et à sacrifier aux dieux. Il la fit donc venir en sa présence (1), non point comme les autres chrétiens auxquels on faisait subir des interrogatoires dans la vaste salle où se trouvaient les audiences publiques, mais dans le lieu le plus retiré, où s'instruisaient des causes exceptionnelles et où n'était admis qu'un très petit nombre de personnes. Son but, en procédant ainsi, était d'user, sans éclat, de prières d'abord, et ensuite, si c'était nécessaire, d'intimidation, afin de con-

_____

(1) *Attulerunt eam coram patre* : Bol.

server plus tard la liberté de ses décisions. Il commença à lui parler avec beaucoup de bonté et, n'employant que de très douces paroles, il lui dit qu'elle avait embrassé une religion qui n'était ni celle de ses parents ni celle de son pays, la priant de repousser le rite des chrétiens et de s'adonner complètement au culte de ses dieux ; ce n'est qu'à cette condition qu'il la regardera comme son enfant, et aura pour elle des sentiments de père. « Jamais je n'offrirai d'encens aux dieux, j'appartiens à Jésus pour toujours », répondit majestueusement la gracieuse et noble jeune fille (1). Son ton était ferme, mais en même temps plein d'humble respect pour l'auteur de ses jours.

Son père contemplait avec stupéfaction cette beauté de vingt ans. La jeune fille, de son côté, regardait son père avec une tendre compassion. Ce dernier, la voyant inflexible, eut recours aux promesses les plus flatteuses, lui représenta la noblesse de son origine, la délicatesse et la fraîcheur de sa jeunesse et fit briller devant elle tous les avantages et toutes les gloires d'une illustre naissance, si elle consentait à brûler un grain d'encens devant les dieux ; puis, enflant sa voix, il essaya de l'effrayer, lui peignant, si elle se refusait à un acte si facile, le sort affreux qui l'attendait : tortures cruelles, mort ignominieuse ; il lui fit le tableau de tout

(1) *Légendes et Traditions.*

ce qu'il avait à craindre, lui et toute sa famille, de la part d'un empereur romain (1), ennemi acharné du Christianisme, s'il venait à apprendre qu'il est pratiqué jusque dans la maison de Cathilius. Mais tout est inutile, Wilgeforte est chrétienne ; toutes ces grandeurs, tous ces biens qui semblent à son père le suprême bonheur, sont, pour notre Sainte, plus qu'éphémères, elle les regarde comme au-dessous d'elle, les nomme fange, néant ; son esprit élevé a pénétré la vérité, le beau lui est apparu dans la religion chrétienne. Rien ne fera faiblir l'intrépide héroïne : supplices, flatteries, larmes, promesses, considérations humaines, tout est vain. Wilgeforte a autant de fermeté dans le cœur que de beauté sur le visage ; les menaces se briseront contre son innocence, son triomphe sera sanglant peut-être, mais cette reine triomphera. On peut détruire la beauté de son corps, lui enlever ses richesses, couper le fil de sa vie ; mais la vaincre, aucune créature ne le peut, parce que Jésus-Christ est sa force. Son père vit bien qu'il lui serait impossible de la faire changer de sentiment. Furieux, il repoussa loin de lui l'innocente jeune fille, et, comme une bête féroce blessée d'une flèche, il regagna son logis. Notre Sainte s'était précipitée à ses genoux : pareille à un beau lis, elle inclina la tête, et on put admirer cette vaillante disciple du Christ qui suc-

(1) Op. cit. plus haut sur la Lusitanie.

combait, un moment, sous le poids de la croix.

Cathilius, oubliant les sentiments de la nature et de l'amour qu'il devait à son propre sang, et n'écoutant que son désespoir et sa rage, qui le transformèrent aussitôt en cruel tyran, résolut de livrer sa fille aux bourreaux. Il lui ordonna, ainsi qu'à ses sœurs, de se disposer à offrir, dès le lendemain, de l'encens aux dieux, ajoutant que, si elles ne le faisaient pas, il emploierait pour les faire mourir, toutes sortes de tourments (1). Wilgeforte, avec ses sœurs, dût s'éloigner de la présence de son père. Elle ne se dissimula pas que l'arrêt serait exécuté dans toute sa rigueur, et comme, malgré sa sévérité, elle éprouvait pour l'auteur de ses jours la plus vive tendresse, elle ne put consentir à voir son père se souiller d'un crime énorme. Pour se soustraire à cette cruelle extrémité, une seule issue lui était ouverte, la fuite (2). Avec un courage aussi admirable qu'extraordinaire, supérieur même à son âge et à son sexe, elle s'y engagea avec ses sœurs et abandonna la maison paternelle. Comment purent-elles s'échapper, sans incident fâcheux? On ne l'ignora sans doute pas alors; mais le secret n'en a pas été transmis à la postérité.

Quelques-unes d'entre elles durent prendre

___

(1) *Aut diversis cas facerel tormentis finire.*

(2) *Légendes et Traditions.*

des routes bien différentes et dire à leurs compagnes, avec beaucoup de larmes, un dernier adieu, sans espérance de se revoir jamais en ce monde (1).

Nous avons, surtout dans les premiers siècles de l'Eglise, plus d'un exemple d'émigrations de ce genre, et personne n'ignore que ce fut là un des moyens dont la Providence se servit, ou pour faire pénétrer la foi dans les contrées qui ne la possédaient pas encore, ou pour lui donner une nouvelle vigueur dans les pays qui la voyaient s'éteindre. La vue des sacrifices de ces chrétiens généreux, qui ne craignent pas d'abandonner biens, gloire, repos et famille pour la conservation de leur foi, ne peut que produire, en effet, d'heureuses impressions sur ceux qui en sont les témoins (2).

De deux de ses sœurs, l'une, nommée Quitterie (3), se retira dans une vallée solitaire, et fut martyrisée près de la ville d'Aire ; l'autre, nommée Gemme, consomma son glorieux sacrifice près de la ville de Saintes.

Après l'éloignement de ses sœurs et de quelques-unes de ses compagnes, notre héroïque vierge ne resta pas seule, et c'est grâce à son zèle et à celui de celles qui demeurèrent avec elle, que fut connue ou ranimée, au sein des

(1) *Légendes et Traditions.* Esp.

(2) Mgr Guérin.

(3) Panégyrique de Sainte Quitterie, par Mgr Bouvrel.

populations qu'elles traversaient, la doctrine évangélique.

Rien n'arrêta notre Sainte, délicatement élevée, timide et circonspecte comme il convient à une chrétienne de vingt ans, ni les précipices, ni les forêts sombres dans un pays qu'elle ne connaissait pas ; elle parcourut sans ressources une longue distance, tantôt traversant des fonds marécageux, tantôt gravissant et descendant des collines semées de ronces et d'épines qui lui déchiraient les pieds ; l'amour de son Dieu lui donnait de la force et des ailes, lui faisait surmonter toutes les fatigues auxquelles elle était si peu accoutumée, et la protégeait contre tous les périls.

Cependant, le père de Wilgeforte n'était pas resté en repos depuis sa fuite ; la disparition de notre Sainte avait été pour Cathilius comme un coup de foudre. Il ne pouvait s'empêcher de rappeler l'élégance tant vantée de sa figure, sa noble simplicité, sa bonté, sa douceur ; c'était un véritable trésor perdu, et, à cette pensée, à la pensée surtout de sa résistance à sa volonté, sa nature un peu sauvage s'exaspérait. Ce fût en vain que les familiers et les favoris de son palais essayèrent de le consoler, il ne répondit que par des violences, et ne tarda pas à donner des ordres très sévères, pour qu'elle fût recherchée, retrouvée à tout prix, et, si elle voulait renoncer à son culte, ramenée auprès de lui, ou bien livrée aux tortures les plus cruelles, si elle demeurait chrétienne obstinée. On vit une fois de plus se produire ce qui s'était déjà fréquemment présenté dans les combats de la foi, la nature perdre ses droits et l'affection paternelle elle-même se transformer en fureur. C'est alors qu'il dénonça sa fille à un gouverneur, que quelques-uns ont nommé Modictus. Cet homme cruel envoya des émissaires qui parcoururent des villes, des bourgades, des forêts ; leurs perquisitions furent longtemps sans résultat ; ils finirent enfin par découvrir la fugitive.

Leur vue n'effraya pas Wilgeforte, mais elle se douta de leur dessein. Ceux-ci l'emmenèrent dans la ville voisine et firent tous leurs efforts pour la déterminer à les accompagner et à retourner dans son pays, où son père l'attendait ; lui promettant, si elle sacrifiait, les bonnes grâces et les faveurs de ce dernier, et la menaçant du dernier châtiment, de la mort, si elle persévérait dans cette grossière superstition. Wilgeforte ne se laissa pas éblouir par leurs promesses, elle leur parla du bonheur dont elle jouissait depuis son départ, en servant Jésus-Christ, son divin époux. Notre Sainte professait la foi de Jésus-Christ avec une telle admiration de la pureté de sa doctrine, que donner sa vie pour elle était une joie sans pareille. Le martyre, comme nous l'avons vu, avait été le rêve de sa jeunesse, et il n'était presque pas un seul jour de sa vie où elle n'eût aspiré à en cueillir la palme sanglante.

La mort, si redoutée pour les méchants, était donc pour Wilgeforte une suprême grâce, puisque cette mort la mènerait plus vite à son Dieu, pour qui seul elle vivait.

Wilgeforte fut amenée au tribunal élevé pour l'interrogatoire des chrétiens. Mais là, on la vit aussi intrépide devant le juge qu'elle avait été forte dans sa famille ; jamais notre Sainte n'avait paru plus belle ; ineffable était la joie qui transfigurait son visage. Le regard, la parole, le maintien, tout s'harmonisait avec son âme et en retraçait la beauté. Le juge, n'employant que des paroles flatteuses, lui exprima son étonnement de ce qu'elle était chrétienne. « Ne devait-elle pas se souvenir qu'elle était la fille du noble Cathilius, cher à sa patrie qui lui avait confié les plus hautes charges ? N'avait-elle pas été élevée dans le respect des empereurs et du culte des dieux, par un père qu'il avait eu le bonheur de connaître et dont il avait su apprécier le mérite et la dévotion aux dieux immortels, quand il réprimait la secte chrétienne en Lusitanie ?... » Non, elle ne pouvait être chrétienne ?

« Elle était trop intelligente pour professer une religion qui n'était qu'un assemblage d'aberrations. Elle avait trop de cœur pour faire partie d'une secte qui étouffait les sentiments les plus sacrés de la nature ; de si grossières absurdités n'avaient pu séduire son esprit éclairé. Ces hypocrites bassesses n'étaient pas faites pour une âme innocente. » — « La doctrine sublime des chrétiens, répondit notre Sainte, est seule capable de satisfaire l'esprit et le cœur ; le Dieu des chrétiens est un Sauveur aimable, qui sait adoucir même les douleurs. Il est mort sur la croix, pour racheter la créature faite à sa ressemblance ; quand elle est coupable, il lui tend les bras, lui offre sa miséricorde et lui enseigne le repentir. Que sont leurs dieux en face d'un tel maître ? » Le juge insista, lui représenta qu'en acceptant la main d'un noble et beau jeune homme, elle eût attaché le bonheur et la gloire à ses pas, et son nom uni au sien eût été honoré dans l'empire. Que lui donnera son Christ ?... Une vie pauvre, ce n'est pas assez ; il lui vaudra la mort. Ainsi périront les charmes de sa jeunesse. La vierge l'interrompit courageusement, lui déclarant que jamais un homme, une créature ne recevra sa foi et que l'époux de son cœur était Jésus-Christ, auquel elle voulait rester fidèle jusqu'à la mort. « S'immoler pour le Christ, poursuivit notre héroïne ravie, ce n'est pas perdre sa jeunesse, mais la renouveler éternellement. C'est échanger un peu de boue contre la splendeur éternelle, une prison étroite contre l'immensité des cieux, ce qui passe contre l'immortalité. » Le juge comprit de plus en plus qu'il avait affaire à une âme inébranlable. Il vit que ses efforts étaient inutiles et que Wilgeforte ne consentirait jamais à renier Jésus-Christ, pour adorer ses dieux. La simplicité des paroles de notre Sainte, son calme, étaient une garantie de sa constance. Profondément irrité et ne voulant pas être vaincu en présence du peuple qui l'écoutait silencieusement, il la fit jeter dans une prison ténébreuse, afin de lui donner tout le temps de réfléchir sur le sort qui l'attendait (1). Que se passa-t-il dans cet affreux cachot? Par la permission de Dieu, entra-t-elle dans une agonie semblable à celle que ressentit son Bien-Aimé, au Jardin des Oliviers, afin que lui ressemblant plus parfaitement elle portât aussi avec plus de droit l'auguste qualité de son épouse?

Tout ce que nous pouvons penser, c'est que l'obscurité de cette prison, où elle était seule, le souvenir des supplices qu'elle venait d'endurer, la pensée de ceux qui leur devaient bientôt succéder, lui remplissaient l'imagination et furent bien capables de la plonger dans un océan d'amertumes, la grâce sensible et les consolations célestes qui la soutenaient auparavant s'étant éloignées un instant ; mais il est

(1) Villegas. — Britto. — *Ambrosius Morales.*

certain que Celui qui descend dans les prisons pour consoler les justes, n'abandonna pas notre Vierge et vint la fortifier au milieu de cette tempête passagère de son âme, qui ne produisit qu'une douce pluie de larmes, qu'elle répandit dans le fort de son oraison. Qui dira la ferveur de ses prières, dans cette étroite prison? Qui dira aussi les pieux désirs qu'elle formait pour le salut de l'auteur de ses jours? Elle priait le Christ d'armer son cœur d'un courage intrépide, afin de n'avoir rien à redouter au jour des dernières tortures et de la mort qui l'attendaient.

Sur les ordres du Préfet, les bourreaux pénétrèrent dans ce cachot épouvantable ; leurs figures cruelles et barbares inspiraient l'horreur. Ils lui annoncèrent qu'ils avaient reçu l'ordre de la soumettre à de nouveaux tourments et d'épuiser sur elle tous les genres de supplices (1). L'amour fut plus fort que la crainte et la douleur. La voix de Wilgeforte, s'éleva énergique, pour répondre, disant qu'au milieu de ces tortures, il lui resterait un cœur pour bénir Dieu, et que si féconde que soit l'imagination barbare du tyran, la grâce de Dieu, en qui elle se confiait, la dépassera toujours. Mais quels supplices

(1) *Multis et Variis tormentis eam discruciavit et excarnificavit.* — Bol.

furent infligés à notre Sainte ? Quels tourments endura-t-elle ? Quelle fut la violence dont les bourreaux usèrent envers elle ? Qui pourra le raconter ?... Tout ce que nous pouvons dire, c'est qu'elle sortit de ces combats, non point comme une personne digne de pitié, mais comme une héroïne digne d'admiration, portant les trophées du monde vaincu, tandis que chacun s'attendait à la voir périr ou succomber à tant de supplices qu'elle avait endurés.

Ici les documents nous font trop défaut pour que nous puissions entrer dans de longs détails sur les diverses scènes qui durent marquer les derniers moments de la vie de notre jeune héroïne. On ne trouve pas, dans les auteurs, un récit qui offre assez de garanties d'authenticité pour entrer dans ces détails. D'ailleurs, à la fin comme au commencement de ce travail, devons-nous tenir compte, pour tout ce qui a rapport à notre Sainte, de cette grande loi, particulière à l'ordre surnaturel, qui veut que dans l'économie chrétienne rien ne se fasse que par l'humilité, que l'humilité soit le bain régénérateur de toute la vie surnaturelle. Le christianisme s'est développé selon cette loi; et ceci nous explique, avec certaines obscurités de son origine, pourquoi Dieu a permis que, pendant quelque temps, l'on soupçonnât à peine son existence.

L'histoire du martyre de la plupart de nos

vierges, participe à ces mêmes conditions. Elle a aussi ses obscurités que nous devons respecter.

L'heure du grand et dernier combat était venu pour Wilgeforte. Les bourreaux saisirent l'innocente victime, l'entraînèrent hors de la ville, escortés d'une suite digne d'eux, et la conduisirent sur une colline voisine. Notre Sainte, fière du sort qui lui était réservé, et fortifiée par la prière, marchait d'un pas ferme et assuré, comme un athlète qui, après avoir bien combattu, va recevoir la palme de la victoire. Elle unissait son sacrifice à celui de Jésus-Christ, qui fut aussi conduit hors de la ville et gravit une montagne, pour y consommer, sur la croix, l'œuvre de notre rédemption.

La sainte jeune fille avait traversé toutes les épreuves, presque sans les ressentir ; toutes les vagues de l'enfer avaient mugi autour d'elle et elles n'avaient pas altéré la sérénité de son front, troublé la paix de sa prière. Le Christ avait veillé sur son épouse et maintenant qu'il l'avait glorifiée devant les hommes et qu'il avait par elle glorifié la virginité, il l'appelait à lui et lui donnait le signal des éternelles jouissances et de l'éternel repos.

Le moment était donc venu, où elle allait cueillir la palme du martyre, et c'est sur la croix qu'elle mérita d'obtenir son glorieux triomphe. Wilgeforte, heureuse de se voir crucifiée, à l'imitation de son divin Maître, et

constante par la force divine, la douce épouse
du Christ ne se plaignait pas. Sa voix affaiblie
ne laissait entendre que les noms de Jésus et
de Marie, son unique secours au milieu des
supplices, son âme chantait le cantique de la
délivrance. C'est ainsi que la belle âme de
Wilgeforte entra dans la béatitude éternelle,
en la compagnie des Anges, dont elle avait
imité la pureté, dans une chair corruptible,
pour s'unir à l'Agneau sans tache et pour y
recevoir les deux couronnes de Vierge et de
Martyre. Désormais, elle voyait face à face
son divin époux, sans détacher jamais de lui
son regard, elle l'entendait sans jamais perdre
le son de sa voix, elle retrouvait près de lui
une beauté, une force, une vie éternelle.

O Wilgeforte, pure colombe, sainte victime,
votre front est orné de la double auréole de la Vierge
et de la Martyre. O Vierge noble qui nous avez
laissé l'exemple d'un courage si chrétien ; ô héroïque
Martyre, qui avez su mourir pour votre divin Maître,
afin de renaître pour l'Éternité,

PRIEZ POUR NOUS !

Fécamp. — Imp. réunies M.-L. Durand